Tombeau du Roï Pépin.

DISPERSA COEGI
CH. SAUVAGEOT
de l'Acad.ᵉ Roy.ᵉ de Musique

NOTICE

RELATIVE

A LA DÉCOUVERTE D'UN TOMBEAU

QU'ON CROIT ÊTRE

CELUI DU ROI PEPIN.

PARIS.

IMPRIMERIE DE LE NORMANT, RUE DE SEINE,
1818.

Extrait des Annales Encyclopédiques du mois de
novembre 1817.

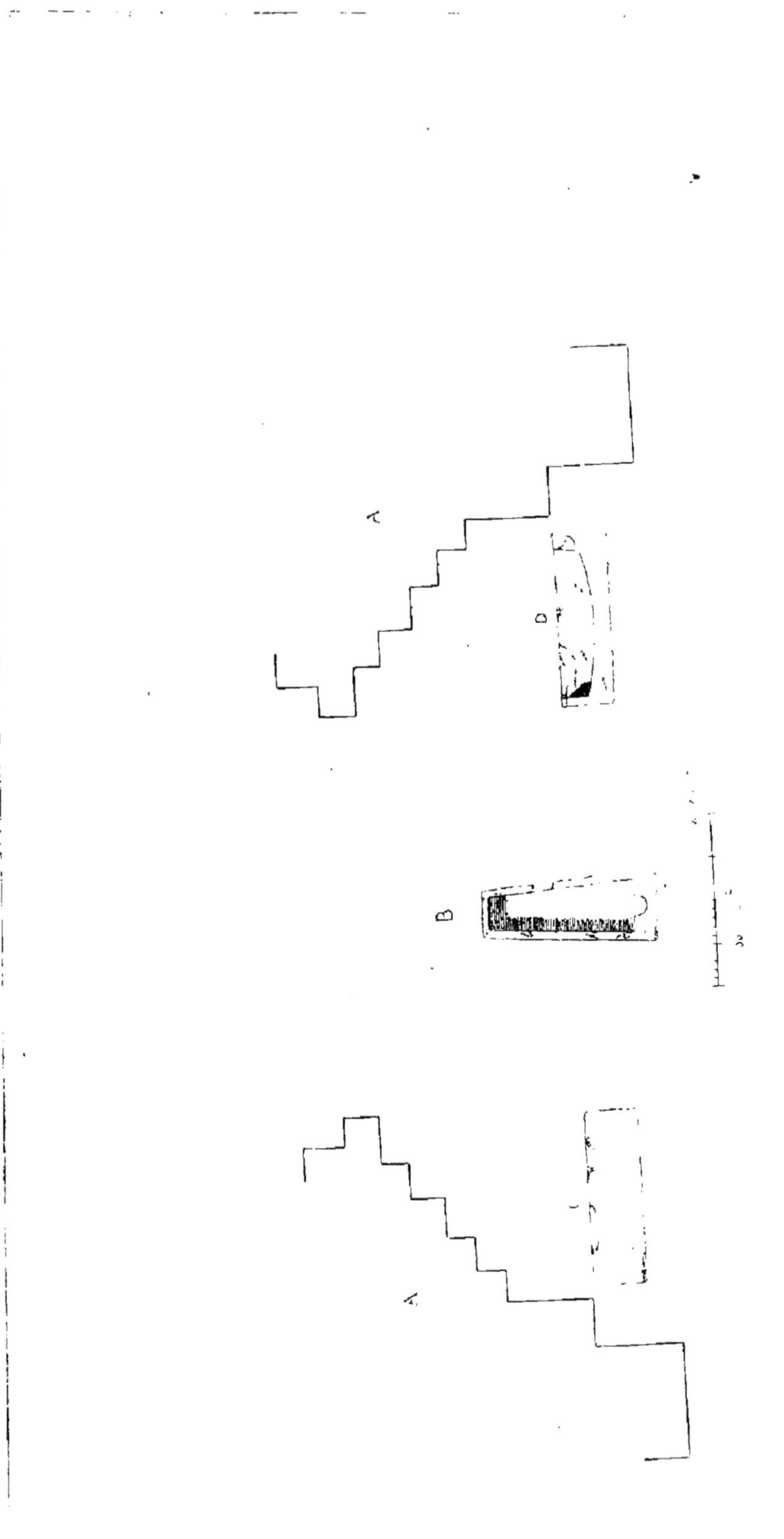

NOTICE *relative à la découverte d'un Tombeau qu'on croit être celui du roi* PEPIN.

NOUS avons parlé, dans notre N° précédent, de ce tombeau, à l'occasion de la découverte d'une inscription par M. Raymond, et des savantes observations dont elle a fourni le sujet à notre respectable confrère D. Brial. Nous avons promis d'imprimer le rapport qu'il a bien voulu nous communiquer sur la découverte du tombeau ; nous le faisons précéder de la notice qui fut adressée alors à l'Institut par M. Cellerier, architecte, et nous y avons joint le plan qui accompagnoit cette notice. A. L. M.

NOTICE *de M.* CELLERIER, *architecte, sur le Cercueil découvert sous le parvis de l'Eglise de Saint-Denis.*

LE cercueil qui a été découvert en fouillant les fondations du massif du nouveau perron au-dehors du portail de l'église de Saint-Denis, le 24 juillet 1812, étoit placé, ainsi qu'il est indiqué sur le plan ci-joint, à 1 mètre 33 centimètres de distance de la porte principale de l'église, dans l'alignement de la grande nef.

La tablette qui le recouvroit a été brisée par

les coups de pioche de ceux qui travailloient à la fouille , qui, croyant que c'étoit un massif de maçonnerie , cherchoient à l'arracher sans précaution.

La tablette brisée a laissé voir un cercueil dans lequel étoit un squelette que la curiosité a eu bientôt dispersé , le bruit de cette découverte s'étant répandu dans la ville ; on est parvenu cependant à empêcher l'enlèvement de tous les os.

Je suis arrivé le lendemain matin : j'ai fait découvrir le cercueil dans tout son pourtour : il n'y restoit dans son intérieur que quelques os des jambes , de la poitrine et du crâne ; il n'y avoit aucun vestige de linge ni d'étoffes ; tout étoit consommé. Les os ont été ramassés et portés dans un coin du cimetière.

Ce cercueil est d'une seule pierre de vergelé tendre, assez grossièrement taillée tant en dehors qu'en dedans. Sa longueur est de 2 mètres 10 centimètres ; sa largeur, de 84 centimètres d'un bout, et de 55 centimètres de l'autre ; et sa hauteur est de 63 centimètres , le tout pris extérieurement.

L'intérieur n'a, d'un bout, que 55 centimètres, et 40 centim. de l'autre, sur 1 mètre 80 centim. de longueur, et 33 centim. de hauteur ; le fond est taillé en creusant dans le milieu, suivant la forme du corps. La place de la tête est marquée B par une entaille circulaire , faite dans la partie supérieure de la pierre, du côté le plus large : cette entaille a 23 centimètres de hauteur, de manière que la tête s'y trouvoit logée sans toucher à la tablette qui recouvroit le cercueil.

Il y a à l'extrémité opposée et sur les côtés, à 33 centimètres de distance du rebord de la tête, des petites entailles qui paroissent avoir été faites pour recevoir des barres de fer ou de bois destinées à porter la tablette ou couvercle du cercueil; cependant il ne s'est rien trouvé de ces barres.

Les figures jointes au plan indiquent la forme du cercueil, sa face sur le côté et sa coupe sur la longueur. Sa position étoit telle qu'elle est désignée sur ce plan.

On paroît disposé à croire que ce cercueil contenoit les restes de Pepin-le-Bref: cette conjecture est fondée sur ce qu'on trouve dans le liv. IIe de l'Histoire de l'Abbaye Saint-Denis, par Félibien, que le corps de ce roi fut inhumé dans le parvis de l'église, qui étoit l'endroit que son humilité lui avoit fait choisir.

Mais Pepin étoit d'une très-petite taille, et le cercueil dont il est question a 2 mètres 10 centimètres de longueur, y compris la place de la tête, ce qui annonceroit qu'il étoit pour un homme d'une grande taille; cependant ce n'est pas une raison pour rejeter l'opinion de ceux qui prétendent que ce monument appartient à Pepin-le-Bref.

On trouve dans le procès-verbal des commissaires qui ont présidé à l'inhumation des corps déposés aux différens endroits de l'église, et à l'enlèvement des monumens qui l'ornoient, que la tombe de Pepin-le-Bref et celle de Berthe, sa femme, ont été démolies le 6 du mois d'août 1793.

Ces espèces de cénotaphes avoient été érigés par la munificence de saint Louis, pour honorer la mémoire de ses prédécesseurs ; mais ces monumens qui étoient classés par ordre de dynasties, ne contenoient pas, tous, les restes des rois ou des reines pour lesquels ils étoient élevés. On n'a rien trouvé sous les tombes de Pepin et de Berthe ; sur celle de Pepin étoit gravée cette simple épitaphe : *Pipinus Rex pater Caroli Magni.* Sur celle de Berthe : *Bertha Regina uxor Pipini Regis.*

Voilà tous les renseignemens que l'on peut donner sur le cercueil de pierre trouvé sous le parvis de l'église Saint-Denis : on l'a déposé avec soin dans le porche de cette église, au bout du collatéral à gauche en entrant. C'est là que la classe d'histoire et de littérature de l'Institut pourra l'examiner ; elle pourra également se faire représenter les restes du squelette qui ont été déposés dans le cimetière.

Fait à Paris, ce 22 septembre 1812.

CELLERIER, *architecte.*

(7)

Description du plan.

A Porte d'entrée du milieu du portail de l'église
de Saint-Denis.

B Tombeau.

C Côté du tombeau.

D Coupe sur la longueur.

OBSERVATIONS *sur un ancien Tombeau découvert, le 24 juillet 1812, dans l'église de l'Abbaye Saint-Denis, que je crois être celui de* PEPIN-LE-BREF, *chef de la seconde dynastie de nos Rois; par* D. BRIAL, *ancien bénédictin, membre de l'Académie Royale des Inscriptions et Belles-Lettres.*

CE tombeau est un cercueil de pierre, long de six pieds, ayant environ deux pieds de largeur dans la partie supérieure, et autant de hauteur. On a fait, dans la partie supérieure, une entaille juste pour y placer la tête du cadavre. La partie creusée ne descend guère que jusqu'à la moitié de la hauteur de la pierre; ce qui rend le bloc extrêmement lourd. Le couvercle ne contient aucune inscription ni aucun symbole qui indique à qui ce tombeau appartenoit. On n'a trouvé dedans que des cendres et quelques ossemens, qu'il eût été important d'examiner avant de les déplacer, pour les raisons que je dirai bientôt.

C'est en exécutant le dernier plan de restauration de l'église de Saint-Denis que ce cercueil a été découvert, non dans l'église, mais en dehors, à deux ou trois pieds de la principale porte d'entrée, et à un pied environ de profondeur. Comme le pavé de l'église a été exhaussé, il a fallu, pour y arriver, pratiquer devant les portes un perron de trois ou quatre marches ; et c'est en creusant les fondations de ce perron que le tombeau a été trouvé.

Instruit de cette découverte, j'ai demandé à le voir. On m'a montré, parmi des décombres, le cercueil encore entier ; mais les ossemens ont été déposés dans les fondations d'un rang de chapelles que l'on construit au côté sud de la grande église, pour correspondre à celles qui existent au côté du nord. S'il a été trouvé autre chose dans ce tombeau, les ouvriers ne s'en vantent pas.

Voici maintenant les raisons qui me persuadent que ce tombeau est celui de Pepin-le-Bref.

L'abbé Suger, faisant la description des ouvrages qu'il avoit entrepris pour donner à l'église de Saint-Denis (1) la forme dans laquelle nous la voyons, s'exprime ainsi en parlant de la partie antérieure de l'église : « Accessimus igitur » ad priorem valvarum introitum ; et deponentes

____

(1) FÉLIB., *Hist. de Saint-Denis*, II, pr. 181.

» augmentum quoddam, quod à Karolo-Magno
» factum perhibebatur, honestâ satis occasione,
» quia pater suus Pipinus imperator extra in
» introitu valvarum, pro peccatis patris sui
» Karoli-Martelli prostratum se sepeliri, non
» supinum fecerat, ibidem manum apposuimus,
» et quemadmodum apparet, et in amplifica-
» tione corporis ecclesiæ, et introitûs et valva-
» rum triplicatione, turrium altarum et hones-
» tarum erectione, instanter desudavimus. »

Il resulte de ce passage que, du temps de l'abbé Suger, la tradition étoit que Pepin-le-Bref avoit eu sa sépulture devant la porte de l'église, et non dans l'église même ; qu'il avoit demandé à être placé dans le cercueil, couché sur le ventre, et non sur le dos : *Extra in introitu valvarum.... prostratum se sepeliri, non supinum, fecerat.* C'est pourquoi j'ai dit plus haut qu'il eût été important de vérifier la position respective des ossemens avant que de les remuer ; car si, par leur gisement il eût été démontré que le cadavre avoit été couché sur le ventre, il ne resteroit aucun doute que ce tombeau est celui de Pepin-le-Bref. Cependant le passage déjà cité est plus que suffisant pour établir une vérité historique.

Le motif que Suger donne à cette singulière dévotion de Pepin, de vouloir être enterré couché sur le ventre, et non sur le dos, mérite aussi d'être examiné. C'étoit pour expier, dit-il, non ses fautes, mais celles de Charles-Martel son père : *Honestâ satis occasione, quia Pipinus imperator extra in introitu valvarum, pro peccatis patris sui Karoli-Martelli, prostratum se sepeliri, non supinum, fecerat.*

Quels étoient donc ces grands péchés de Charles-Martel, pour lesquels son fils Pepin se croyoit dans l'obligation de satisfaire par quelque dévouement expiatoire ? Etoit-ce pour avoir usurpé l'autorité souveraine ? Mais Charles-Martel ne prit jamais le titre de Roi, et, sous ce rapport, Pepin avoit plus besoin d'expiation que son père. Etoit-ce pour s'être emparé des biens des églises, et avoir donné par-là un exemple qui a eu dans la suite tant d'imitateurs ? C'est effectivement le grand tort que lui reprochèrent long-temps les écrivains ecclésiastiques, et que Pepin s'étudia à réparer pendant sa vie de toutes les manières possibles, surtout par l'établissement des dîmes et des *précaires.*

On sait jusqu'où se porta, dans ces temps-là, le ressentiment du clergé pour rendre odieuse la mémoire de Charles-Martel. On feignit des visions et des révélations qui accréditèrent l'opinion qu'il étoit damné ; en preuve de quoi on alléguoit que son tombeau ayant été visité par des prélats au-dessus de tout soupçon, par saint Boniface de Mayence et par Fulrade, abbé de

Saint-Denis, on n'y avoit trouvé qu'un dragon épouvantable dont le souffle impur avoit enfumé tout le cercueil ; et ce n'étoient pas seulement des écrivains obscurs, des faiseurs de légendes, qui débitoient ces sornettes ; cent ans après la mort de Martel, les évêques des provinces de Reims et de Rouen, assemblés à Quierci-sur-Oise (1), à la tête desquels étoit le fameux Hincmar, écrivant, l'an 858, à Louis-le-Germanique, pour la défense de Charles-le-Chauve, rapportoient cette vision de saint Eucher, évêque d'Orléans, comme une chose incontestable.

Quoi qu'il en soit, la postérité, plus équitable envers Martel, l'a absous à cause du bon usage qu'il fit de ces richesses, et surtout par cette considération que, sans ce secours, il lui eût été difficile de repousser les Sarrasins, déjà maîtres d'une partie de la France, et qui ne menaçoient pas moins que d'envahir toute la chrétienté, après avoir soumis à leur domination presque toute l'Asie, l'Afrique entière, et une grande partie de l'Europe.

Quant à l'abbé Suger, rien dans ce passage ne prouve qu'il ajoutât foi à la damnation de Charles-Martel et aux prétendues révélations. Il rapporte un fait, c'est qu'on croyoit de son temps que Pepin étoit enterré devant la porte de l'église ;

(1) LABBE, *Concil.*, t. 8, col. 659.

que Charlemagne, voyant le lieu de la sépulture de son père exposé aux injures de l'air, avoit fait construire, pour le mettre à couvert, une espèce de porche qui subsistoit encore du temps de l'abbé Suger ; que, voulant refaire le portail de l'église, et bâtir les deux tours, Suger fit abattre cette construction parasite : *Deponentes augmentum quoddam quod à Karolo-Magno factum perhibebatur* (1). Mais il ne dit pas qu'alors on ait touché au cercueil, ou qu'on l'ait changé de place. Il est donc permis de croire qu'il est resté jusqu'à présent au même endroit.

On pourroit objecter que Pepin-le-Bref avoit son tombeau dans le chœur de l'église. En effet, la Chronique de Saint - Denis rapporte que, l'an 1264, les corps des rois et reines de la seconde race, parmi lesquels on nomme celui de Pepin, furent transportés au côté droit du chœur, où l'on voyoit leurs mausolées : *Translati sunt Reges in dextro choro, Karolus-Martellus, rex, Berta, regina, uxor Pipini, Pipinus rex*, etc. (2). Mais l'historien de Saint-Denis reconnoît que quelques-uns de ces tombeaux, refaits du temps de saint Louis, ne sont que des cénotaphes. Il est probable qu'à cette époque, on avoit perdu

(1) Félib., *Histoire de Saint-Denis*, p. 549.
(2) *Spicil.* in-fol. t. II, p. 497.

de vue le vrai lieu de la sépulture de Pepin, parce que rien, comme du temps de Suger, n'en retraçoit le souvenir. C'est par la même raison que les farouches républicains de 1793, qui, non contens d'avoir aboli la royauté, ont dissipé les cendres des rois, et violé leurs tombeaux, n'ont pas soupçonné l'existence de celui-ci.

———

Depuis que les journaux ont rendu compte de la découverte du tombeau du roi Pepin à Saint-Denis, d'après l'annonce qui en fut faite à l'Institut en séance publique, j'ai reçu, de la part de M. Ernst, curé de Afden, près d'Aix-la-Chapelle, membre de l'Académie de Bruxelles, communication d'une lettre qui semble prouver que le corps de Pepin et celui de la reine Berthe reposoient à Aire, en Artois, dans l'église de Saint-Pierre. Je vais traduire cette lettre en français, et la mettre sous les yeux du lecteur, afin qu'on puisse décider s'il y a autant ou plus de probabilité de placer à Aire le tombeau de Pepin, plutôt qu'à Saint-Denis.

Cette lettre, datée d'Aire le 21 octobre 1648, est du père Lenglet, jésuite ; elle commence ainsi :

« L'auteur de la relation du siége d'Aire » (1641) dit que Charlemagne fit ensevelir dans

» l'église de Saint-Pierre, à Aire, les corps du
» roi Pepin et de Berthe. — On voit aujourd'hui,
» dans le pourtour du chœur de cette église,
» sur le mur en face du maître-autel, un tom-
» beau sur lequel on lit, d'un côté : *Pipinus*, et
» de l'autre, *Bertha*. Il y a tout auprès une
» inscription, dont on n'a pu lire que ces mots :
» *Pipini Regis et Berthe Regine hîc recubant*
» *simul ossa.* Il manque au commencement
» trois ou quatre mots qu'on n'a pu lire, et entre
» les mots *Regine* et *hîc recubant*, presque deux
» lignes entières. En ouvrant l'armoire, on a
» trouvé deux cercueils de bois; l'un renfermoit,
» avec des ossemens, un feuillet de parchemin,
» sur lequel étoit écrit, en anciens et gros carac-
» tères, *Pipini ossa ;* l'autre renfermoit aussi un
» feuillet de parchemin, portant ces mots, d'une
» écriture pareille, *Berthe ossa.* Dans le cer-
» cueil de Berthe étoit une lame de plomb, de
» la longueur d'un demi-pied, et d'un pouce
» de haut, avec ces mots : *Ossa Helchie, filie*
» *Berthe*, et une + ainsi figurée. A côté de la
» lame de plomb, étoit un parchemin portant
» ces mots : *Ossa Helchie , filie Berthe Regine,*
» *remota et posita cum matre sua, in eodem*
» *tumulo ligneo, anno Domini* 1255, *in vigilia*
» *Assumptionis Beate Marie Virginis.* Au bas
» de cette inscription on lisoit : *Cetera reperies in*
» *tabula plumbea posita cum Pipino ;* mais dans

» le cercueil de Pepin, il n'a été trouvé que ce
» qui a été rapporté ci-dessus. — Remarquez
» qu'au-dessous du nom de la reine Berthe ins-
» crit sur la muraille, on lit encore ces mots :
» *Helchia, filia Berthe Regine;* mais cela ne
» prouve pas grand'chose, parce que, à côté
» des mots *Pepinus Rex*, on a inscrit également
» sur la muraille le nom de Charlemagne, *Caro-*
» *lus-Magnus, Pipini Regis filius*, tout comme
» à côté du nom de Berthe, on lit celui d'une
» autre fille, *Isibergha, filia Berthe Regine.*
» En appelant ainsi les noms de leurs enfans,
» on a voulu sans doute lever toute équivoque,
» et déterminer la qualité des personnages que
» renferme le tombeau ; car on sait d'ailleurs
» que, ni Isiberghe, et encore moins Char-
» lemagne, n'ont eu leur sépulture dans ce lieu. »

Je n'éleverai aucun doute sur cette relation, qui paroît exacte et fidèle ; mais ces inscriptions méritent d'autant moins notre confiance, qu'elles contredisent tous nos historiens les plus accrédités.

Au témoignage de l'abbé Suger, qui avoit pour lui la tradition locale, et sous les yeux un monument qui en attestoit le fondement et l'ori-gine, ajoutons ceux des historiens contempo-rains, ou presque contemporains.

Frédégaire (1) décrit ainsi la mort du roi Pepin :

(1) BOUQUET, tom. V, pag. 9.

Rex Pipinus, ut dolor est ad dicendum, ultimum diem et vitam simul caruit, sepelieruntque eum prædicti Reges Carolus et Carlomannus, filii ipsius Regis, in monasterio Suncti Dionysii martiris, ut ipse voluit, cum magno honore.

Eginhard, dans ses Annales, parlant de l'expédition de Pepin contre Waïfre, duc d'Aquitaine, s'exprime ainsi : *Cùmque ibi aliquantulùm temporis moraretur, ægritudine decubuit. In ipsâ tamen valetudine Turonas delatus, apud S. Martini memoriam oravit. Indè cùm ad Parisios venisset, VIII kal. octobris diem obiit. Cujus corpus in basilicâ B. Dionysii martyris humatum est.*

Il est inutile de rapporter les paroles des autres annalistes et chroniqueurs, qui tous disent la même chose. Mais il faut rapporter le texte des grandes Chroniques de Saint-Denis (1), qui est encore plus formel : « De cest siecle trespassa......
» ensepouturés fu en l'abbaie Saint Denis (2) de
» France. Adont fu couchiés ou sarcu, une
» crois dessous sa face et le chief tourné devers
» orient. Si dient einsi aucun que il vout que on
» le meist einsi en sepouture pour le pechié de
» son pere qui les dismes avoit tollues aux
» églises. »

On voit là pourquoi fut faite l'entaille qui sub-

(1) Bouquet, tom. V, pag. 200.
(2) *Ibid.* pag. 224.

siste à l'endroit de la tête du cercueil, et pourquoi Pepin fut couché sur sa face ; c'étoit afin
qu'il posât ses lèvres sur la croix qu'on avoit mise
sous sa tête. Il est encore vrai que le cercueil s'est
trouvé la tête dirigée vers l'orient, comme le dit
notre auteur.

Quant à la reine Berthe, elle fut aussi enter-
rée à Saint-Denis, suivant le témoignage d'E-
ginhard (1), dans la Vie de Charlemagne :
*Bertam Carolus in eâdem basilicâ quâ pater situs
est, apud Sanctum Dionysium cum magno honore fecit humari.*

L'annaliste de Metz (2) dit, sous l'année 783 :
Obiit Berta Regina, et sepulta est Causiaco
(Choisy-au-Bac en Soissonnois); *sed indè trans-
lata Parisiis, sepulta est juxta virum suum, in
ecclesiâ S. Dionysii martyris.*

Comment ses ossemens sont-ils passés à Aire ?
C'est ce qu'on ne dit pas. On y possédoit appa-
remment les ossemens d'une personne qu'on
appeloit *Helchie*; et, pour la rendre plus véné-
rable aux yeux du peuple, on imagina de la
donner pour fille à la reine Berthe. Ce qui est
certain, c'est qu'elle est parfaitement inconnue
dans l'histoire, ainsi que sa prétendue sœur
Isiberge, à moins que, sous un autre nom, on
ait voulu désigner Gisle ou Giselle, morte abbesse
de Chelles.

(1) Bouquet, t. V, p. 97. — (2) *Ibid*, p. 344.

Inscription gravée sur le portail de l'église royale de Saint-Denis.

L'inscription que M. Raymond, professeur émérite, a adressée à l'Académie le 21 septembre 1817, est ainsi conçue :

T. N.

748.

Cette inscription est gravée dans la pierre qui forme le dessous de la premiere gouttière, au-dessous des créneaux du grand portail occidental de l'église de Saint-Denis, au pied de la grande flèche qui couronne la tour du côté du nord de la façade, à la droite de la porte du milieu.

M. Raymond ne pouvant concilier la date de cette inscription avec les monumens de l'histoire, a cru devoir la soumettre au jugement de l'Académie.

En effet, si cette date étoit exacte, il s'ensuivroit que l'église, ou du moins ce portail, tel que nous le voyons aujourd'hui, auroit été construit trois ou quatre ans avant que Pepin ait été reconnu Roi de France l'an 752. Il est pourtant vrai que ce portail a été construit par l'abbé Suger, lorsqu'il fit démolir cette portion de l'église que le Roi Pepin avoit fait bâtir, qui ne fut achevée que sous Charlemagne, et ne fut en état d'être consacrée que l'an 771. Ajoutez que le chiffre arabe que porte l'inscription ne fut en usage en France que quatre ou cinq cents ans après le règne de Pepin.

Je ne dirai pourtant pas qu'elle est fausse, mais je prouverai qu'elle a été mal lue.

En effet, nous savons par le second continuateur de Guillaume de Nangis, qu'après la bataille de Maupertuis, où le roi Jean fut fait prisonnier l'an 1356 (1), les Anglais portant la désolation dans toute la France, grand nombre de monastères, placés hors des villes sans fortifications, furent abandonnés, et même rasés par les habitans eux-mêmes, de peur que les ennemis ne s'y logeassent. La ville de Saint-Denis étoit fortifiée tant bien que mal, mais l'abbaye ne l'étoit pas. Les religieux obtinrent du dauphin Charles, régent du royaume, la permission de fortifier le monastère en l'entourant de fossés, et c'est à cette occasion que la plate-forme qui couvre la façade de l'église fut construite avec des créneaux. Nous avons les lettres du régent, datées de Meaux, du 6e jour d'avril 1358 (2), qui ordonne au prévôt de Paris de fortifier l'église de Saint-Denis, et à cet effet lui donner pouvoir d'abattre et démolir les maisons d'alentour, afin de la maintenir et défendre contre les ennemis du royaume.

D'après cet exposé, il est évident, indépen-

(1) *Spicil.*, in-fol., tom. III, pag. 122.
(2) Doublet, pag. 994.

damment de la preuve qui résulte des créneaux de cette plate-forme, que l'inscription dont il s'agit, déstinée à consacrer l'époque de cette construction postiche, a été mal lue, et qu'au lieu de la date 748, il falloit lire 358, le millésime ayant été omis et sous-entendu, comme on le voit dans plusieurs autres monumens et actes publics.

Je conclus de ces explications que le sens de cette inscription doit être entendu comme je vais le rendre en toutes lettres :

Tabulatum novum
1358.

On entend par *tabulatum*, soit dans les auteurs de la bonne latinité, soit dans ceux du moyen âge, *un étage*, l'entablement, la plate-forme d'un édifice, tel qu'est ce morceau du portail de Saint-Denis, sur lequel on a gravé l'inscription pour en transmettre la date à la postérité.

Il ne serviroit de rien de supposer que l'abbé Suger, pour conserver la date de la construction du Roi Pepin qu'il détruisoit, auroit fait enchâsser cette pierre dans son portail, puisque la date de 748 est inconciliable avec le commencement du règne de ce prince; au lieu que la date de 1358 s'accorde avec les événemens de ce temps désastreux, et indique les motifs de cette nouvelle construction.